使徒的勧告

ラウダーテ・デウム

気候危機について

教皇フランシスコ

FRANCISCI
SUMMI PONTIFICIS

ADHORTATIO APOSTOLICA

LAUDATE DEUM

カトリック中央協議会

目次

教皇フランシスコ　使徒的勧告　ラウダーテ・デウム——気候危機について

気候危機について
善意あるすべての人へ

1 「神をたたえよ、造られたすべてのもののゆえに」。これはアッシジの聖フランシスコが、生き抜いた生涯、歌い上げた賛歌、そして行ったすべてのわざを通して紡いだメッセージです。彼は、聖書の詩編のいざないに応じ、父なる神がお造りになった被造物を前にしたイエスの深く感じ入る心を映し出しました。「野の花がどのように育つのか、注意して見なさい。働きもせず、紡ぎもしない。しかし、いっておく。栄華を極めたソロモンでさえ、この花の一つほどにも着飾ってはいなかった」（マタイ6・28―29）。「五羽の雀《すずめ》が二アサリオンで売られているではないか。だが、その一羽さえ、神がお忘れになるようなことはない」（ルカ12・6）。わたしたちの傍らにいてずっと歩みをともにしてくれるすべてのものに対するイエスのこの優しさに、心打たれずにいられるでしょうか。

2　出版から八年を経た回勅『ラウダート・シ』で、わたしは、苦しみの中にあるわたしたちの星の兄弟姉妹、皆さん全員と、わたしたちがともに暮らす家であるこの地球に施すべきケアについて心底気にかけていることを分かち合いたいと願いました。しかし時の経過とともに、わたしたちを抱容する世界が崩壊しつつあり、また限界点に近づきつつあるかもしれないのに、わたしたちの対応は不十分だということが分かってきました。そうした可能性に加えて疑いえないのは、たくさんの人の生活と家族が気候変動の影響によって、ますます傷つけられるだろうということです。わたしたちは、健康管理、職、資源入手、住居、やむにやまれぬ移住などの分野で、その悪影響を実感させられることでしょう。

3　これは地球規模の社会問題であり、また人間の生命の尊厳に密接にかかわる問題です。米国の司教団は、気候変動についてのわたしたちの懸念が有する社会的意味を、すなわち、単に環境に優しい（エコな）取り組み以上のものであるということを、見事に表現していま す。いわく、「わたしたちによる互いへのケアと地球へのケアとは密接に結ばれています。気候変動は、社会と地球共同体とが直面している最重要課題の一つです。気候変動の悪影響を被るのは、家庭でも世界中どこででも、もっとも弱い立場の人たちです(1)」。アマゾン周辺地域のための世界代表司教会議《シノドス》に会した司教たちはそれを、「自然界への攻撃は、人々の生活にその結果をもたらす[2]」とわずか数語で言い表しました。またアフリカの司教たちは、これはもはや二次的な問題や主義主張の問題ではなく、わたしたち皆を傷つける惨事であると直言すべく、気候変動は明らかに「構造的罪の、悲劇的かつ衝撃的実例[3]」であると述べました。

4　過去八年で得られた考察と知識は、以前に述べえたことをより明確にし、補完してくれます。そしてまた、状況が現在いっそう切迫しつつあるゆえに、わたしは、この文書を皆さんと共有したいと思ったのです。

5　問題を否定したり、隠蔽したり、言い繕ったり、相対化したり、いかに画策しようとも、気候変動の表れは現に存在しており、ますます明白なものとなっています。極度の異常気象、頻繁に訪れる異常な暑さ、干ばつ、その他、地球の悲鳴にも似た訴えを、近年わたしたちが目の当たりにしているという事実を無視できる人はいません。それらは、あらゆる人を脅かす沈黙の病の、分かりやすいいくつかの表れにすぎません。無論、個々の大惨事をすべて地球規模の気候変動に帰すべきではないでしょう。それでも、人類によって引き起こされた特定の気候変動が、極端な気象の頻発と激化の確率を著しく高めているということは検証可能です。ですから地球の気温が〇・五℃上昇するごとに、ある地域では豪雨と洪水が、別の地域では深刻な干ばつが、あちらでは極端な熱波が、こちらでは大雪が、その頻度と度合いを増すことも、わたしたちは分かっています。[4] もしもこれまで熱波が年に数回襲っていたとして、地球の気温が一・五℃上昇するとすれば――そこに近づきつつあるのです――、どうなるでしょうか。そうした熱波はいっそう頻繁に発生し、はるかに激しいものとなるでしょう。気温上昇が二℃を超えると、グリーンランドの氷冠と、南極大陸を覆う氷の大部分が完全に溶けてしまい[5]、甚大で莫大な影響がすべての人に及ぶのです。

抵抗と混同

6　近年、こうした事実をあざ笑う人もいます。そうした人々は、科学的だとされるデータ、つまり地球にはこれまでもそしてこれからも寒冷化と温暖化の期間があるという事実を持ち出します。そうした人々はもう一つの重要なデータへの言及を忘れています。わたしたちが現在経験しているのは、たった一世代で――何百年でも何千年でもなく――検証しうる速さで進む温暖化の異常な加速なのです。海面の上昇と氷河の融解は一人の人が生きている間に容易に感知できるほどのもので、おそらく数年後にはその事象ゆえに、多くの人が住居を移さなければならなくなるのです。

7　地球温暖化を語る人たちを揶揄《やゆ》しようと、極寒期は定期的に発生することが指摘されます。異常な症状は、同一原因——地球の温暖化を引き起こす地球規模のアンバランス——が取りうるさまざまな表出形態の一つにすぎないという点が看過されています。干ばつや洪水、干上がった湖、津波や洪水によってさらわれた地域共同体、それらは本質的に原因を一にしています。一方、地球規模の現象を語るのであるなら、それを局所的要因によってその大半が説明できる散発的・突発的な出来事と混同してはなりません。

8　情報不足は、長期——少なくとも数十年単位——の大規模な気候予測と、せいぜい数週間をカバーしうるだけの天気予報との混同を招きます。わたしたちが気候変動を話題にする際は、数十年間にわたって続く地球規模の現実——および恒常的な局所的変動——について言及しているのです。

9　現実を単純化しようとして、子をもうけすぎるのだと貧しい人々に責任を転嫁し、低開発国の女性を不具にすることで問題を解決しようともくろむ人さえ後を絶ちません。いつもどおり、すべては貧しい人々の落ち度だと考えているのです。しかし実際には、世界総人口のうち少数の富裕層が、五十パーセントの最貧層よりも地球を汚染しており、富裕国の一人当たりの温室効果ガス排出量は貧しい国のそれよりもはるかに多いのです[6]。忘れることなどできるでしょうか。世界の最貧層の半数以上が暮らすアフリカには、過去の排出量のほんのわずかについてしか責任がないということを。

10　化石燃料の使用削減や、よりクリーンなエネルギー源開発によって気候変動を緩和しようという努力は、雇用の減少につながるという話もしばしば耳にします。ですが今起きているのは、気候変動のさまざまな影響で、何百万もの人が職を失っているということなのです。海面上昇、干ばつ、および地球に影響を及ぼす他の現象によって、多くの人が行き場を失っています。逆に、適切に管理された再生可能エネルギーへの移行は、気候変動による被害を前にしての適応を図るあらゆる取り組みと同様、さまざまな分野で膨大な雇用を生み出しうるものです。ですから政治家や企業家は、すぐにでもそうしたことに関心を向けるよう求められています。

原因は人間

11　もはや気候変動の原因は人間――つまり「人為的」――であることは疑いようがありません。その理由を見てみましょう。地球温暖化を引き起こす温室効果ガスの大気中濃度は、十九世紀までは三〇〇ｐｐｍ未満で安定していました。しかし同世紀の半ばには、産業発展と連動して、排出量は増加し始めました。過去五十年間で、一九五八年以降二酸化炭素を毎日測定してきたマウナロア観測所が裏づけるとおり、この増加は著しく加速しています。『ラウダート・シ』執筆中に、測定値は史上最高――四〇〇ｐｐｍ――を記録し、二〇二三年六月には四二三ｐｐｍに達しました。[7] 一八五〇年以降の総正味排出量の四二パーセント以上が、一九九〇年より後に排出されたものなのです。[8]

12　そしてまた、過去五十年間で気温は、過去二千年の間に例のない速度で上昇していることが立証されています。この間の温暖化は十年当たり〇・一五℃で、過去百五十年間の二倍に相当します。一八五〇年から今日まで、地球気温は一・一℃上昇し、極地はいっそう大きな影響を被っています。このまま上昇が進めば、努力目標である地球規模での上限一・五℃にわずか十年で達してしまう可能性があります[9]。この温度上昇は、地表面においてだけでなく、数キロ上空の大気中でも、海表面、さらには数百メートルの水深においても生じているのです。こうして海の酸性化が進み、海水の酸素レベルが低下しました。氷河は後退し、積雪量は減少し、海面はたえず上昇し続けています[10]。

13　こうした地球規模の気候現象と、とりわけ二十世紀半ば以降の温室効果ガス排出量の加速的増加との相関関係を覆い隠すことはできません。気候を専門とする科学者の圧倒的多数がこの相関関係を支持しており、証拠を否定したがる学者はごく少数です。気候危機が、最小限のコストと時間で上げうる最大限の利益に関心を注ぐ経済大国の関心を引く問題になりきれていないのは残念なことです。

14　わたしは、カトリック教会内でさえ軽蔑的でほとんど不合理なある種の意見を耳にするがゆえに、一見不必要に思えるこうした説明を施す義務があると感じています。しかし、こうした危険な諸変化の異常な速さの理由が、覆い隠せない事実、すなわち過去二百年の間の自然に対する野放図の人的介入に関連した巨大な発展であることに、疑う余地はありません。火山の噴火などのような、温暖化を引き起こす自然起源の通常の出来事では、ここ数十年間の変化の度合いと速度を説明するには不十分です。(11) 平均地表温度の変化については、温室効果ガスの増大結果として説明する以外にすべはありません。

損害とリスク

15 海洋の地球規模の温度上昇、酸性化と含有酸素の減少など、今の気候危機の事象の一部は、少なくとも数百年間はすでに不可逆です。海水には熱的な慣性があり、温度と塩分濃度の正常化には何百年もの時間を要し、そうしたことが多数の生物種の生存に影響を及ぼします。これは、この世界の他の被造物がわたしたちの旅路の仲間ではいられなくなり、それどころか、わたしたちの犠牲者になってしまったことを示す多くの表れの一つです。

16 大陸氷床の後退についても同じことがいえます。極氷の融解は、何百年間も元には戻せないでしょう。気候については、その引き金になったであろう出来事とは独立した、長期間作用し続けてきた諸要因があります。それゆえに、わたしたちが引き起こしてきた甚大な被害は、今や止めることはできません。よりいっそう悲劇的な被害を食い止めるための時間が辛うじてあるだけです。

17　ある種の黙示録的な見立ては、合理性や根拠に乏しいと見えて当然です。だからといって、わたしたちが臨界点に近づきつつある可能性が現実であることを無視してはなりません。小さな変化が引き金となって、慣性的な要因による、おそらくすでに不可逆な予想外の大きな変化をもたらす可能性があります。そうなると、雪だるま式に一連の出来事が引き起こされることになるでしょう。こうした場合、いかなる介入をもってしてもいったん始まった流れを停止させることはできないため、いつも手遅れになるのです。取り返しがつかなくなるのです。現況からは、それがすべて起こると確言することはできません。しかし、氷床の後退、海流の変化、熱帯雨林の伐採、ロシアでの永久凍土の融解など、すでに進行中の気候を「過敏にする」現象を考慮に入れるなら、その可能性は依然として残ることは確かです。[12]

18　そのため、より広い展望が緊急に必要とされています。すなわち、驚異的な進歩に高い評価を与えることができるだけでなく、百年前にはおそらく想像もできなかったその他の影響に真剣な注意を向けることのできる展望です。わたしたちに問われているのは、この世を去った後に残るであろう遺産についての確固たる責任にほかなりません。

19　最後に、COVID－19のパンデミックによって、人間のいのちが、他の生き物のいのちや自然環境とどれほど密接な関係にあるかが明らかにされたことを言い添えておきます。特別なしかたによってではありましたが、世界の一部で起こることは惑星全体に反響を及ぼすということが明確になりました。ですから、飽きられるほど繰り返し申し上げている二つの確信を、今一度述べたいと思います。――「すべてはつながっています」、そして「だれも独りでは救われません」。

2　増長する技術主義《テクノクラティック》パラダイム

20　『ラウダート・シ』でわたしは、現在の環境悪化の流れの根底にある技術主義《テクノクラティック》パラダイムを短くまとめました。「人間のいのちと活動についてのある考え方が、わたしたちを取り巻く世界に深刻な傷を与えるほど、ゆがんでしまっています[13]」。実質的にそれは、「まるで実在や善や真理が科学技術的で経済的な権力そのものから自動的に生み出されるかのように[14]」考えることに由来しています。その論理的結論として、「経済学者や投資家やテクノロジーの専門家を魅了する、無限の、あるいは際限なき成長という発想の受容が容易になったのです[15]」。

21　近年、そうしたパラダイムの新たな進展を目の当たりにする中で、この見立てに確証が得られるようになりました。人工知能と最新の技術革新は、テクノロジーの助けを借りれば能力と可能性を無限に拡張できる、限界なき存在たる人間という考え方から出発しています。このようにして、技術主義《テクノクラティック》パラダイムは怪物のごとく自己増殖するのです。

22　テクノロジーが必要とする、リチウム、シリコン、その他多くの天然資源は無限に存在するわけではないのは当然ですが、しかしより大きな問題は、強迫的な執着の根底にあるイデオロギーです。人間の力をいかなる想像をも超えて増大させる考えで、人間以外の実在は好き勝手にしてよいただの原料にすぎないとするものです。存在するいっさいのものは、感謝の念を抱くべき、尊ぶべき、いとおしむべき贈り物ではなくなり、奴隷とされ、人間の頭脳と能力の気まぐれの餌食《えじき》にされるのです。

23　テクノロジーによって拡張された能力が、「知識をもった人々、なかでもそれらを利用する経済力のある人々に、人類全体と全世界に及ぶ強大な支配権を与えてきた」ことに気づくとぞっとします。「かつて人類は自らに対するこれほどの権力を有したことはなく、しかも、こうした権力が現に行使されている様態を考慮した場合はとくに、そうした権力が賢明に行使される保証はどこにもありません。……こうした権力すべてをだれが手中に収めているのでしょう、あるいは、結局それがだれの手に入ることになるのでしょうか。少数の人がそうした権力を握ることになれば、きわめて危険です(16)」。

力の使い方を考え直すこと

24　力の増大がすべて人類の進歩だとはいえません。人口制限、原子爆弾投下、民族殲滅《せんめつ》に使用された、「見事な」諸技術について考えるだけで足りるでしょう。進歩への称賛が、その進歩がもたらす結果の恐ろしさを見えなくしたことが過去に何度もありました。ですが、その危険はつねにわたしたちに付きまとっています。「はかりしれない科学技術の発展に、人間の責任感や価値観や良心の成長を伴わせてこなかったのですから……。……わたしたちは、増大し続ける権力を前にして、なすすべもなく、裸にされ、無防備にされています。わたしたちは、何らかの表面的な機構をもってはいますが、健全な倫理を、また、限界を定めさせ、明確な自覚に基づく自制を教えてくれる文化や霊性を有している、と主張することはできません(17)」。技術主義《テクノクラティック》パラダイムに固有の考え方がわたしたちの目を覆い、今日の人類が抱えるこうしたきわめて深刻な問題を見えなくしている中では、巨大な手の強大な力がいのちを破壊しうるというのは奇妙なことではありません。

25　こうした技術主義《テクノクラティック》パラダイムに抗して、わたしたちは言明します。わたしたちを取り巻く世界は、搾取や、抑制なき利用や、飽くなき野心の対象ではありません。さらには、自然はわたしたちが生活を繰り広げ、わたしたちの企てを展開させるための単なる「舞台装置」であると主張することもできません。なぜなら、「わたしたちは自然の一部で、その中に包摂されており、それゆえ、自然との絶えざる相互作用の中にあり(18)」、そのため「わたしたちは、……外部からではなく内部から世界を見(19)」るからです。

26　これは、人間はよそ者であり、環境に害を及ぼすことしかできない異物であるという考えに与《くみ》するものではありません。人間は自然の一部として認識されなければなりません。人間の生命や知性や自由は、わたしたちの惑星地球を豊かなものにする自然の要素であり、自然の内なる働きの、また、自然の平衡維持作用の一部です。

27　このため、健全なエコロジーは、人間と環境との相互作用に由来するものでもあります。

先住民族の文化においてそうであるように、また地球のさまざまな地域で何世紀にもわたってそうであったようにです。人間集団は、破壊や危機をもたらさない方法で環境を形成し直しながら、しばしば環境を「創造」してきました。[20] 現今の大問題は、技術主義《テクノクラティック》パラダイムがそうした健全で調和の取れた関係を破壊してしまったことにあります。いずれにせよ、かくも有害で破壊的なパラダイムの克服は不可欠であり、それは人間存在の否定には見いだせるものではなく、「社会の諸システムと[21]」自然の諸システムとの相互作用を含むものなのです。

28　ほかでもなく人間の力という問題を、その意味と限界を、あらためて問い直すことがわたしたちには必要です。わたしたちの力は、ここ数十年のうちに猛烈な勢いで増大したからです。強烈で圧巻の技術進歩を遂げてきたものの、同時に、多くの生き物の生命とわたしたち自身の生存とを脅かしうる非常に危険な存在になってしまった、ということに気づいてはいません。今こそ、「極度にまで進歩した今日[22]」について語るソロヴィヨフの皮肉を繰り返す価値があります。わたしたちが有する力ともたらす進歩がわたしたち自身に刃向かいつつある[23]と認めるのが遅きに失することのないよう、明晰《めいせき》さと正直さが求められます。

倫理の一刺し

29　権力者の倫理的退廃は、豊富な手段を有する者が、世論を形成するために用いる便利なからくり、マーケティングや偽情報によって偽装されます。そうした仕掛けを用いて、著しい環境変化や高レベルの汚染をもたらすプロジェクトの実施計画の立案時には、想定される地元の発展、経済成長や雇用創出、生活向上の可能性を語り、しかもそれは子どもたちのためだなどといって、地元民に期待を抱かせます。しかし実際のところ本心では、地元民の未来についての関心などないのでしょう。というのも地元民には、そのプロジェクトの後には、生活し栄えていくことが難しい、わびしく、住みにくく、賑わいも、ともに生きる喜びや将来への希望もない、荒らされたままの土地が残されることが、はっきりとは告げられていないからです。加えてその土地は、いずれほかの多くの人たちにも害となる地球規模の損傷を残すことになるのです。

30　核廃棄物の保管所になるのと引き換えに受け取る金銭が掻き立てる一時的な高揚を考え

てみればお分かりでしょう。その金銭で手に入れることができたはずの家は、その後発生した病の数々で墓になってしまいました。しかもわたしはこれを、たくましすぎる想像力で語っているのではなく、わたしたちが実際に経験してきたものに基づいていっているのです。これは極端な例といえるでしょうが、こうしたことについては「比較的小さな」被害を話題にする余地はありません。というのも、わたしたちが今置かれている状況をもたらしたものこそが、まさに、その程度なら許容できるとされた被害の積み重ねだからです。

31　そうした状況は、物理学や生物学にばかりでなく、経済そしてわたしたちが経済をどう捉えるかにも関係しています。最小限のコストで最大の利益をという考え方は、合理性、進歩、当てにならない約束によって偽装されていて、ともに暮らす家である地球へのまことの思いやりを、また、わたしたちの社会が見捨ててきた貧しい人々や困窮者たちへの支援を心に置いた生き方を不可能にします。近年、実に多くの偽預言者の約束に酔わされ舞い上がらされ、貧しい人自身が、自分たちのために造り上げられたわけではない世界に欺かれてしまうことが少なくないとわたしたちは知っています。

32　好条件に生まれついた者の支配下で、いわゆる「功績主義《メリトクラシー》」についての誤った考えもまた広がります。すべてを従わせしめるに「値する」ものである人間の力として、それを理解するのです。勤勉の尊さ、生来の能力の開発、称賛に値する意欲、これらの健全な追求は大事にすべきですが、真の意味での機会均等を求めていかなければ、「功績主義《メリトクラシー》」はたちまち、強い力をもつ少数者の特権をさらに強化する衝立《ついたて》となってしまうでしょう。非道なこの論理にあるのが、自らの能力と努力で得た金融資産の防御壁に囲まれて安んじているのに、何ゆえともに暮らす家である地球に及ぼされる被害に気を揉まねばならないのかという問いです。

33　良心において、また、人々の行動がもたらした損害の付けを払わされるであろう子どもたちを前にして、意味を問う問いが迫ります。――わたしの人生の意味は何か。この地上でわたしに与えられている時間の意味は何か。わたしの働きと努力のすべてには、究極的にどんな意味があるのか。

3　国際政治の弱点

34 「後退の兆しが歩みに表れています」が、「どの時代でも、過去の世代の努力と成果を自分のものとし、それをさらなる高みへ到達させる必要があるということです。それが歩む道です。善は、愛、正義、連帯と同じく、一挙に達成されるものではありません。日々勝ち取るべきものです」[24]。わたしが強調したいのは、堅実で永続的な前進のためには「多国間協定を優先すべき」[25]だということです。

35 多国間主義を、過剰な権力を有した個人ないしはエリート集団に権限を集中させた世界のことと、はき違えていてはどうにもなりません。「法によって規制された何がしかの世界規模の権限の可能性を語る際、必ずしも各員の権限について考える必要はありません」[26]。わたしたちは何よりも、「世界規模の共通善、飢餓と貧困の根絶、基本的人権の確実な擁護、これらを保障するための権限を付与された実行力のある世界機構[27]」について話しているのです。重要なのは、放棄できない目標の実現を「保障する」ための、真の権限が付与されなければならないということです。そうすることで、政治情勢の変化や、特定の少数者の利害に振り回されることなく、安定した実効性を有する多国間主義がもたらされうるのです。

36　数々の世界規模の危機が、健全化をもたらす機会となりえたにもかかわらず、生かされていないのは悔いるべきことです[28]。それは、二〇〇七年から二〇〇八年の金融危機で起きたことで、ＣＯＶＩＤ－19の危機でも繰り返されました。「(これらの危機) の後に世界で展開した実際の戦略は、利己主義を助長し、分裂を加速させ、真の権力者が無傷で逃げ出すために、ますます放埒《ほうらつ》になっていった[29]」のです。

多国間主義の再設計

37　現在の課題は、旧来の多国間主義をそのまま続けることより、新たな世界情勢を考慮に入れつつ、それを再設計することや再創造することにあるように思われます。知っていてほしいことがあります。「市民社会の多くの団体や組織が、複雑な状況における国際調整の不足、基本的人権……に対する無関心といった、国際社会の弱点を補い協力しています[30]」。たとえば、対人地雷の使用、生産、製造の禁止を求めたオタワ・プロセスは、国連がなしえない実効力ある動きを、市民社会が市民組織とともに、どのように創り出すことができるかを示す一例です。そこでは補完性の原理が、グローバル（地球規模）とローカル（地域特性）との関係性においても生かされたのです。

38　中期的にはグローバリゼーションは、自発的な文化交流、より深い相互理解、そして民の共生の歩み――それらはいずれ「下からの」多国間主義を呼び起こすものです――を盛り立てるもので、単に権力をもったエリート集団によって決定されるものではありません。実にさまざまな国の活動家たちが助け合い支え合い、世界中で下から上げられてくる要求が、ついには権力者への圧力となりうるのです。気候危機に関して、こうしたことが起きてほしいものです。ですから、今また申し上げます。「市民による――国家や州や市町村の――政治権力の制御がなければ、環境に加えられる損傷を制御することはできません[31]」。

39　ポストモダン文化は、より傷つきやすく、より力の弱い者に対する、新たな感覚を生み出しました。それは、回勅『兄弟の皆さん』の中のわたしの主張とつながっています。すなわち、人格としての人間を第一に据え、あらゆる状況を超えて人間の尊厳を擁護すべきであるというものです。それが、人類が抱える真の問題の解決に資する、すなわち、何よりもまず人格の尊厳の尊重を保障する、多国間主義を求めるもう一つの理由であり、そうなることで、倫理が局地的利害や状況次第で変わりうる利害に勝るものとなります。

40　政治家の代わりを務めるという話ではありません。新興の国々が頭角を現しており、実際に、パンデミック期にその一部の国に見られたように、具体的な問題の解決において重要な結果を出しているのが認められます。いかに小さな国であっても、あらゆる国が問題への答えを出しうるという事実にこそ、多国間主義は避けてはならない歩みであることが示されているのです。

41　旧来の外交もまた危機に瀕《ひん》してはいるものの、その重要性と必要性を示し続けています。いまだ、世界の再構築にかなう多国間外交のモデルを生み出すことに成功してはいませんが、もし外交が自らを再設計できるなら、何世紀にもわたる経験を捨て置くわけにはいかないのですから、外交は解決策の一つとなるべきものなのです。

42　わたしたちの世界はすさまじく多極化し、同時に複雑化するあまり、今とは異なる、効果的な協力体制を必要としています。力の均衡について考えるだけでは足りません。新たな課題に対応する必要と、環境、公衆衛生、文化的・社会的課題——何より、基礎の基礎である人権、社会権、ともに暮らす家である地球の保護、これらの遵守を強固にするための課題——に地球規模の機構をもって対処する必要についても考えていかなければなりません。こうした地球規模での保護を「保障」せしめる、地球規模での実効力あるルールの確立が肝心です。

43　以上のことから必要とされるのは、意思決定とその決定の合法化のための、新たな手続きの実現です。数十年前に採用されたものは十分ではなく、効果も見えないからです。この枠組みでは、会話、協議、仲裁、紛争解決、監督指導のための期間が、そして最終的には、さまざまな状況が表明され盛り込まれうるようにする、地球規模での一種のより大規模な

「民主化」が、どうしても必要になってくるでしょう。すべての人の権利に配慮することなく強者の権利を守ろうとする体制への支持は、もはや何の役にも立ちません。

4　気候会議――前進と失敗

44　今日までの数十年間、気候変動の問題に取り組むために一九〇か国以上の代表者が定期的に会合を開いてきました。一九九二年のリオデジャネイロ会議は国連気候変動枠組条約（UNFCCC）の採択につながり、それは一九九四年に署名国側の必要な批准を経て発効しました。これらの国は毎年、最高意思決定機関である締約国会議（COP）を開いています。その中には、コペンハーゲン会議（二〇〇九年）のように失敗したものもあれば、京都で開催されたCOP3（一九九七年）のように重要な一歩を踏み出すことのできた会議もありました。京都議定書は意義深く、温室効果ガスの総排出量を一九九〇年と比較して五パーセント削減するという目標が設定されました。その期限は二〇一二年でしたが、これは明らかに達成されませんでした。

45　すべての締約国は、現在進行中の気候変動による影響を縮小するための適応プログラムの導入にも注力しました。途上国における措置費用を賄うための規定も作られました。京都議定書の実際の発効は二〇〇五年でした。

46　その後、気候変動によって生じる損失と損害（loss and damage）に対処する仕組みの創出が提案されました。そのおもな責任は富裕国にあると認め、気候変動がもっとも脆弱《ぜいじゃく》な国々に来す損失と損害に対する補償を目指すものです。ただしそれはまだ、そうした国々の「適応」への資金供与ではなく、すでに被った損害を補償するだけのものでした。この問題は、いくつかのCOPでの重要議題となりました。

47　パリで行われたCOP21（二〇一五年）もまた、全体が参加する協定が実ったものとして意義深い機会でした。それまでの設定目標が達成されなかった失敗を思うと、パリ協定は新たなスタートとみなすことができます。協定が発効したのは、二〇一六年十一月四日でした。拘束力のある協定だとはいえ、その規定のすべてが厳密な意味での義務ではなく、一部はかなりの自由裁量にゆだねられています。また約束の不履行に対する制裁も厳密には規定されておらず、履行を確実にするための効果的な手段がありません。発展途上国には、ある程度の柔軟性が担保されてもいます。

48　パリ協定が掲げる目標は広範で大志が表れています。地球平均気温の上昇を産業革命以前より二℃未満に保ちつつ、さらに一・五℃に抑制することを目指すというものです。モニタリングの具体的な手順の整備と、各国目標の比較のための一般基準を調整する作業は、いまだ継続中です。そのため、実際の成果をより客観的（定量的）に評定することが難しくなっています。

49　成果の乏しかったいくつかの会議と、マドリードでのＣＯＰ25（二〇一九年）がもたらした落胆の後、グラスゴーでのＣＯＰ26（二〇二一年）には、こうした現状維持傾向からの脱却が期待されました。事実上の成果は、パンデミックの包括的な影響で棚上げされていたパリ協定を再度打ち上げたことでした。ほかにも、たくさんの「努力目標」が掲げられましたが、現実的な効果は見通しがたいものでした。汚染性の少ない代替エネルギーへの迅速かつ効果的な移行を確保しようとする提案は進展を見ませんでした。

50　シャルム・エル・シェイクでのＣＯＰ27（二〇二二年）は、深刻な経済・エネルギー危機を引き起こしたウクライナ侵攻がもたらした事態によって、当初から危うい状態にありました。石炭使用量が増加し、だれもが必要分の石炭供給を望んでいました。開発途上国は、エネルギー入手や開発機会を緊急の優先事項としていました。可燃性燃料が依然として世界のエネルギーの八十パーセントを賄っており、その使用量の増加が続くという事実を堂々と認めることへの抵抗がなかったのです。

51　このエジプトでの会議は、交渉の難しさを示すもう一つの事例となりました。少なくとも、気候災害で最大の被害を受けている国々の「損失と損害」に対する資金調達システムを強化するうえで一歩前進があったとはいえるでしょう。そこには、発展途上国が新たな声とより大きな役割を得たことがうかがえるでしょう。しかしこの問題においても、多くの点が、なかでも寄与すべき国々の具体的責任が、あいまいなままにとどまりました。

52　今なおいえることですが、そうした「国際協定には、監視や定期的な評価、そして不履行時の制裁に適した仕組みが欠如していたため、不十分にしか実施されませんでした。宣言した諸原則は、いまだ実際的実施のための能率的で柔軟な方法を見いだせずにいます[32]」。そしてまた、「国際交渉は、地球規模の共通善よりも自分たちの国益を優先する国々がとった立場ゆえに、有意義な進展が見られてはいません。わたしたちが覆い隠そうとしていることの結果によって苦しまなければならないであろう人々は、こうした良心と責任感の欠如を忘れはしないでしょう[33]」。

5　ドバイでのＣＯＰ28に何を期待すべきか

53　アラブ首長国連邦が次の締約国会議（ＣＯＰ28）を主催します。再生可能エネルギー源に多額の投資を行ってはいるものの、化石燃料の大輸出国として知られるペルシャ湾の国です。今なおガス会社および石油会社は、生産量のさらなる増大を目指して、当地での新たなプロジェクトに熱を上げています。何も期待しないと口にするのは、全人類を、なかでももっとも貧しい人を、気候変動の最悪の影響にさらすことを意味するのですから自殺も同然です。

54　自分たちの些細《ささい》な利害を越えて、より大きな視野に立って考えることができるという人間の能力に信頼するなら、ＣＯＰ28が、継続的なモニタリングを可能とする実効的な約束を伴った、エネルギー転換の決然たる加速をもたらすという希望を捨てはしないはずです。この会議は、一九九二年以降になされたことはすべて本気でなされたものであり、努力に値するものだったことを示す転換点となりうるか、さもなくば大きな落胆を招き、これまでなし遂げてきたよき成果をすべて、それが何であれ危険にさらすものとなるでしょう。

55　多くの交渉と合意があったにもかかわらず、地球規模の温室効果ガス排出量は増加し続けています。確かに、そうした合意がなければ、さらなる増加を見る羽目になっていたとはいえます。それでも、環境関連の他の論題においては、意志があれば実に顕著な成果が得られたという、オゾン層の保護のような事例があります。しかしながら、風力や太陽エネルギーなどのクリーンエネルギーへのしかるべき移行や化石燃料の放棄は、必要な速さでは前進していません。その結果、なされつつあることがすべて、それが何であれ、注意を逸らすための策略にしか映らなくなる恐れが出てきます。

56　わたしたちは、心配しているようでいて、実質的な変化を生み出すのに必要な勇気を持ち合わせてはいない、という心の態度を克服しなければなりません。このままのペースで行くと、わずか数年で努力目標の上限一・五℃を超え、その後間もなく三℃にまで達して臨界点を迎えるリスクが高いことをわたしたちは知っています。たとえ後戻りできないその地点に達しはしないとしても、結果は破局的であり、莫大な費用を要し、深刻で耐えがたい経済的・社会的影響を伴う、大慌ての措置を講じなければならなくなるだろうことは確かです。今可能な措置は費用のかさむものですが、手をこまねいている時間が延びれば延びるほど、その費用は跳ね上がります。

57 「一つの環境問題が話題に上るたびに、それに対する技術的修復ばかりを追求することは、実は相互につながっているものを切り離し、全地球システムに及ぶ問題の真相と根深さを覆い隠すことになります(34)」。そう強調することは不可欠だとわたしは考えています。短期的には回復不能な損害を前にしての適応の努力が必要だというのはそのとおりです。また、排出される温室効果ガスの吸収や回収を可能にする、いくつかの手法と技術進歩が有望であることは分かっています。それにもかかわらず、水面下で進行する現状の悪化にわたしたちは加勢しながら、ひび割れは糊《のり》と紙でふさげばよいという考えから抜け出せなくなる危険があるのです。将来の問題はすべて新たなテクノロジーの介在で解決されるであろうと仮定することは、なだれのようにすべてを取り込むことになる、殺人的な実用主義《プラグマティズム》です。

58　この問題を単なるエコなもの、「グリーンな」もの、メルヘンなもの、経済的利害によってしばしば嘲笑の的にされるものにしてしまう、無責任なあざけりはこれで最後にしましょう。これはあらゆるレベルにおいて人間的で社会的な問題であるということを、いい加減認めましょう。だからこそ、全員の関与が求められるのです。気候に関する会議では、「過激派」として否定的に描かれる団体の行動が目を引きがちです。けれども実はそれらの団体は、本来社会全体で加えるべき健全な「圧力」――子どもたちの将来が危機にあるとすべての家庭が気づいているはずですから――の空白を埋めているのです。

59　COP28を、わたしたちを人間として誇りある気高い者とする歴史的イベントにすることへの真摯な関心がありさえすれば、効率的で、強制力があり、監視が容易、という三条件を満たす、拘束力あるエネルギー転換の枠組みが期待できます。それは、大胆で、集中的で、全員の約束にかかっているという三つの要件を特徴とする、新たなプロセスの始まりです。前例がないとはいえ、この種のプロセスだけが国際政治の信頼性を回復させうるのです。なぜなら、こうした具体性をもつしかたでのみ、二酸化炭素レベルを大幅に削減し、間に合ううちに最悪の事態を回避していくことが可能になるからです。

60　会議の参加者たちには、特定の国や企業の短期的利害よりも、共通善と子どもたちの将来とを考慮できる戦略家であっていただきたく思います。政治の恥でなく、政治の高貴さを証明していただきたいのです。力ある人々に対し、あえてかの質問を繰り返します。「緊急かつ必要な際に介入できなかったと記憶に残るような権力に、なぜ今しがみつきたいのでしょうか[35]」。

6　霊的な動機

61　カトリック信者に、信仰から生じる動機を思い起こさせずに済ませるわけにはいきません。他の宗教を奉じる兄弟姉妹がたにも、同じように勧めます。本物の信仰は、人間の心を強めるばかりでなく、生き方を変え、わたしたちの目標を変え、他者へのかかわりや全被造界とのかかわりを照らし導いてくれることを、わたしたちは知っているのですから。

信仰に照らされて

62　聖書はわたしたちに語ります。「神はお造りになったすべてのものをご覧になった。見よ、それはきわめてよかった」（創世記1・31）と。「地と地にあるすべてのもの」（申命記10・14）は神のものです。それゆえ、神はわたしたちにおっしゃいます。「土地を買い戻す権利を放棄してはならない。土地はわたしのものであり、あなたたちはわたしの土地に寄留し、滞在する者にすぎない」（レビ25・23）。ですから、「神のものである大地に対するこうした責任が意味していることは、知性を賦与された人間は、自然のおきてや、地上の被造物間に存在する繊細な平衡状態を尊重しなければならないということです(36)」。

63　それと同時に、「宇宙は一つの全体として、その多様なかかわりすべてをもって、神のくみ尽くしがたい豊かさを表明しています」。したがって、賢明であるために、「わたしたちは、いろいろなものをその多様なかかわりにおいて把握する必要があります(37)」。こうした知恵の道を歩んでいるのですから、かくも多くの種が消滅していくことに、気候危機によって多くの生物のいのちが危険にさらされていることに、わたしたちが無関心でいてはならないのです。

64　イエスは、「好意と驚きに満ちたまなざしをもって、自らたえず自然に触れておられたので、世界に存在する美に目を凝らすよう、他者を促すことがおできになりました。主は、地方一帯を巡り歩きながら、御父がお蒔《ま》きになった美をしばしば立ち止まって観想なさり、事物の中にある神のメッセージを感じ取るよう、弟子たちに呼びかけられました[38]」。

65　また「復活されたかたが、被造物を、神秘的なしかたでご自分のほうへと抱き寄せ、最終目的である充満を目指させてくださるのですから、世の被造物は、もはや単に自然的なありさまで姿を現すのではありません。イエスが人間の眼《まなこ》をもって見つめられ感嘆なさったまさにそうした野の花々や鳥たちには、今や、イエスの輝かしい現存が吹き込まれているのです[39]」。もし、「天地万物は、遍在する神において、真の姿を開示」するのであれば、「ひとひらの葉に、一本の野道に、一滴の露に、貧しいだれかの顔に、神秘的な意味が見いだされうるのです[40]」。世界は神の無限の愛を歌っている――それを心にかけずにいることが、どうしてわたしたちにできるでしょうか。

責任をもって交わりのうちに歩む

66　神はわたしたちを、お造りになったすべてのものと結びつけてくださいました。にもかかわらず、技術主義《テクノクラティック》パラダイムには、自分自身を取り巻く世界からわたしたちを孤立させる可能性があり、全世界が「コンタクト・ゾーン」[41]であることを忘却させ、わたしたちを欺くのです。

67　ユダヤ・キリスト教の宇宙理解は、神がお造りになったすべてのものが奏でるすばらしい合奏の中で人間の占める唯一無二で中心的な価値ある地位を堅持するものですが、今日可能なのは一種の「状況化された人間中心主義」の甘受のみであるとはっきり理解するよう、わたしたちは強く促されています。換言すればそれは、人間のいのちは他の被造物なしでは理解することも持続させることも不可能であるとの認識です。まさに「わたしたち皆が、唯一の父によって存在するようにと造られ、宇宙に属するものとして見えないきずなによって結ばれて、宇宙家族ともいえる、聖にして愛情深く謙虚な敬意で満たす崇高な交わりを形成している[42]」からです。

68　こうした理解はわたしたちの意思の産物ではありません。その起源は別のところ、わたしたちの存在の奥深くにあります。実に、「神はわたしたちをとりまく世界とわたしたちとを、かくも密接に結びつけました。土地の砂漠化は、それぞれにとっての病気のようなものです。特定の生物種が絶滅すれば、それをまるで手足が切断されたかのように悲しむはずです(43)」。ですから、人間は自律的で、全能で、限界なき存在であるとする考えを捨て、より謙虚でより実りあるしかたで自分たちを認識できるよう、考えを新たにしましょう。

69　一人ひとりに呼びかけます。わたしたちの住まいである世界との和解のこの旅路に加わり、それぞれ固有の貢献で世界をより美しくしてください。そうしたわたしたちの取り組みは、人格の尊厳と最高の諸価値とに関係があるのですから。とはいえ、正直でなければならないことと、もっとも有効な解決策は個人の努力からだけでなく、何よりも国内政治と国際政治の重要な決断からもたらされると認める必要とを、わたしは否定できません。

70　それでも、一つ一つのささやかなことが助けとなりますし、地球気温の上昇を〇・一℃でも抑えることができれば、多くの人の苦しみをいくばくかは軽減することになるでしょう。ですが重要なのは、数値化以前のことです。文化の転換がなければ、ライフスタイルや社会通念の成熟がなければ、永続的な転換はなく、また、一人ひとりが変わることなくして文化の転換はないと、胸に刻むことです。

71　汚染や廃棄物の削減、そして賢慮ある消費という各家庭の努力が、新たな文化を創出しています。個人や家族や共同体の習慣が改められつつあるという端的な事実は、政治分野の不履行の責任に対する懸念と、力ある人々の無関心に対する憤りを高めます。とすれば、数値化という視点からは目立った効果が即座に生み出されなくとも、社会の奥底から頭をもたげてくる内的変化の大きなプロセスをもたらすことに、わたしたちは貢献しているのだと自覚しましょう。

72　米国の一人当たりの温室効果ガス排出量が中国に住む人々の約二倍であり、また最貧国の平均の約七倍であることを考えれば[44]、西洋モデルに結ばれた無責任なライフスタイルの広範な変更は、意味のある、長期におよぶ影響をもたらすだろうといえます。そうしてわたしたちは、欠かすことのできない政治的決定と相まって、真心から互いを気遣う道を進むのです。

73　「神をたたえよ」がこの勧告のタイトルです。人間は、神に代わる存在になろうとするとき、自分自身の最悪の敵になるのですから。

教皇在位第十一年、二〇二三年十月四日　アッシジの聖フランシスコの祝日

ローマ、サン・ジョヴァンニ・イン・ラテラノ大聖堂にて

フランシスコ

注

（1）米国司教協議会『地球規模の気候変動の背景』（*Global Climate Change Background*, 2019）。

（2）アマゾン周辺地域のための特別シノドス『最終文書（二〇一九年十月）』10（AAS 111 [2019], 1744）。

（3）アフリカ／マダガスカル司教協議会連盟（SECAM）『アフリカン・クライメート・ダイアローグ（ACD＝欧州を含む、教会の関連団体と市民団体で成る組織）からの報告（二〇二二年十月十七日）』（*African Climate Dialogues Communiqué, Nairobi*）。

（4）気候変動に関する政府間パネル（IPCC）『気候変動２０２１――自然科学的根拠』Ｂ・２・２（*Climate Change 2021, The Physical Science Basis*, Cambridge and New York, 2021）参照。

（5）同『気候変動２０２３統合報告書――政策決定者向け要約』Ｂ・３・２（*Climate Change 2023, Synthesis Report, Summary for Policymakers*）参照。二〇二三年報告書は下記参照。https://www.ipcc.ch/report/ar6/syr/downloads/report/IPCC_AR6_SYR_SPM.pdf

（6）国連環境計画（UNEP）『排出ギャップ報告書２０２２』（*The Emissions Gap Report 2022*: https://www.unep.org/resources/emissions-gap-report-2022）参照。

（7）米国海洋大気庁（NOAA）地球システム調査研究所（ESRL）グローバル・モニタリング・ラボ「大気中の二酸化炭素の動向」（*Trends in Atmospheric Carbon Dioxide*: https://www.gml.noaa.gov/ccgg/trends/）参照。

（8）ＩＰＣＣ『気候変動２０２３統合報告書――政策決定者向け要約』Ａ・１・３（*Climate Change 2023, Synthesis Report, Summary for Policymakers*）参照。

（9）同B・5・3参照。

（10）IPCCの、三四、〇〇〇件の研究に基づくデータ。同『第六次評価報告書（AR6）統合報告書（二〇二三年三月二十日）――気候変動2023統合報告書』参照。

（11）IPCC『気候変動2023統合報告書――政策決定者向け要約』A・1・2（*Climate Change 2023, Synthesis Report, Summary for Policymakers*）参照。

（12）同参照。

（13）教皇フランシスコ回勅『ラウダート・シ――ともに暮らす家を大切に（二〇一五年五月二十四日）』101（*Laudato Si'*: AAS 107 [2015], 887）。

（14）同105（AAS 107 [2015], 889）。

（15）同106（AAS 107 [2015], 890）。

（16）同104（AAS 107 [2015], 888-889）。

（17）同105（AAS 107 [2015], 889）。

（18）同139（AAS 107 [2015], 903）。

（19）同220（AAS 107 [2015], 934）。

（20）S. Sörlin–P. Warde, "*Making the Environment Historical. An Introduction*", in S. Sörlin–P. Warde, eds., *Nature's End: History and the Environment*, Basingstoke–New York, 2009, 1-23 参照。

（21）教皇フランシスコ回勅『ラウダート・シ――ともに暮らす家を大切に（二〇一五年五月二十四日）』139（*Laudato Si'*: AAS 107 [2015], 903）。

（22）ウラジーミル・ソロヴィヨフ「戦争および世界史のプロセスと終末に関する三つの会話。反キリストについての短編小説ならびに序文（一九〇〇年）」（*Три разговора о войне, прогрессе и конце всемирной истории*［御子柴道夫訳、『V・ソロヴィヨフ選集五　世界終末論』東宣出版、一九七三年、二二四頁）参照。

（23）聖パウロ六世「国連食糧農業機関（FAO）第二十五回総会でのあいさつ（一九七〇年十一月十六日）」4（AAS 62 [1970], 833）参照。

（24）教皇フランシスコ回勅『兄弟の皆さん（二〇二〇年十月三日）』11（*Fratelli tutti*: AAS 112 [2020], 972）。

（25）同174（AAS 112 [2020], 1030）。

（26）同172（AAS 112 [2020], 1029）。

（27）同。

（28）同170（AAS 112 [2020], 1029）参照。

（29）同。

（30）同175（AAS 112 [2020], 1031）。

（31）教皇フランシスコ回勅『ラウダート・シ——ともに暮らす家を大切に（二〇一五年五月二十四日）』179（*Laudato Si'*: AAS 107 [2015], 918）。

（32）同167（AAS 107 [2015], 914）。

（33）同169（AAS 107 [2015], 915）。

（34）同111（AAS 107 [2015], 982）。

（35）同57（AAS 107 [2015], 870）。

（36）同68（AAS 107 [2015], 874）。
（37）同86（AAS 107 [2015], 881）。
（38）同97（AAS 107 [2015], 886）。
（39）同100（AAS 107 [2015], 887）。
（40）同233（AAS 107 [2015], 938）。
（41）ダナ・ハラウェイ「異種の出会い」（*When Species Meet*, Minneapolis 2008, pp. 205-249［高橋さきの訳、『犬と人間が出会うとき――異種協働のポリティクス』青土社、二〇一三年、三〇九―三七三頁］参照。
（42）教皇フランシスコ回勅『ラウダート・シ――ともに暮らす家を大切に（二〇一五年五月二十四日）』89（*Laudato Si'*: AAS 107 [2015], 883）。
（43）同使徒的勧告『福音の喜び（二〇一三年十一月二十四日）』215（*Evangelii gaudium*: AAS 105 [2013], 1009）。
（44）国連環境計画（UNEP）『排出ギャップ報告書２０２２』（*The Emissions Gap Report 2022*: https://www.unep.org/resources/emissions-gap-report-2022）参照。

略号

AAS　*Acta Apostolicae Sedis*

聖書の引用は原則として日本聖書協会『聖書　新共同訳』（二〇〇〇年版）を使用しました。ただし、漢字・仮名の表記は本文に合わせています。その他の訳文の引用に関しては出典を示していますが、引用に際し、一部表現や用字を変更した箇所があります。

訳者あとがき

教皇フランシスコの使徒的勧告『ラウダーテ・デウム』（*Laudate Deum*=ＬＤ）が公にされました。八年前に公布された回勅『ラウダート・シ』の続編あるいは第二弾ともいえる教皇からのメッセージで、毎年、アッシジの聖フランシスコを全世界の教会が挙《こぞ》って記念する日である十月四日に出されました。『回勅』も『勧告』も、かの聖人に倣う道を皆とともに歩みたい、との教皇の切なる望みに貫かれています。

「神を（デウム）たたえよ（ラウダーテ）」と題されたこの『勧告』の副題は、「気候危機について」という端的な表現です。ドバイで開催予定のＣＯＰ28で一堂に会する「力ある人々」が、善意あるすべての人々の期待を乗せた正直で信実な訴えに耳を傾け、しかるべき「責任」を果たしますように、との強い願いが感じられます。そうした教皇の思いに突き動かされ、また、できることなら遅くともＣＯＰ28の閉幕前には日本語で読めるようにしたい、との編集部の熱意に背中を押されつつ、集中的な作業の末なんとか下訳を提出できたときの安堵と喜びは格別でした。修道院の屋上から仰いだ空の青さと、胸いっぱいに吸った空気のすがすがしさの中、「(創造主である)神をたたえよ」との賛美の声が心にこだましました。自分を包む世界と一つになって「心をこめて神を仰ぎ」(sursum corda) たくなる、〝ひらけ〟の体験、〝ハレ〟の気分を満喫させてもらいました。

以下、心に残った言葉のいくつかに言及しつつ『勧告』の内容の一部を紹介させていただきます。

まず、『勧告』冒頭にある〈イエスの感覚/感性/感受性〉と直訳できそうな言葉です。今般は「イエスの深く感じ入る心」と訳させてもらいました。それは、同パラグラフで少し先に出てくる言葉――「イエスの優しさ」――と、さらには「多国間主義」の重要性と必要性を強調する第三章(「国際政治の弱点」)に出てくる言葉――「より傷つきやすく、より力の弱い者に対する、新たな感覚」(LD39)――と響き合い、福音の使信を現代世界の可能性と課題に結びつけてくれる言葉です。

加えて言及しておきたいのは、第六章(「霊的な動機」)にある「コンタクト・ゾーン」と「状況化された人間中心主義」という聞きなれない二つの言葉です。この章で、教皇は、「文化の転換がなければ、ライフスタイルや社会通念の成熟がなければ、永続的な転換はなく、また、一人ひとりが変わることなくして文化の転換はないと、胸に刻む」（ＬＤ70）よう促し、「汚染や廃棄物の削減、そして賢慮ある消費」といったささやかな努力が可能にする「新たな文化」の「創出」を「社会の奥底から頭をもたげてくる内的変化の大きなプロセスをもたらすこと」への貴重な「貢献」（ＬＤ71）であると述べ、わたしたちを励まします。

この二語は、聖書的な世界理解や人間理解と共鳴しうるポストモダン文化の世界観や人間観を漂わせています。「コンタクト・ゾーン（contact zone）」は、言語や文化、性やジェンダー、生命体や生物種といった多様性を研究する諸分野で広く使用されうる概念らしく、異質なものが出会い、接触し、ときにぶつかり合い、ときに絡み合いつつ、何か新たなものや価値を生み出す可能性に満ちた状況（場、領域、状態、関係）が意味されているようです。「全世界が「コンタクト・ゾーン」であること」（ＬＤ66）をわたしたちは忘れてしまっているのではないか、そして、何がわたしたちにそうした「忘却」をもたらしてきたのか、と自問させ、わたしたちの世界観のゆがみを問い質《ただ》す言葉となっています。

続くパラグラフ67には「状況化された人間中心主義」という語が登場し、わたしたちの人間観のゆがみへの問いが加わります。わたしたちクリスチャンが慣れ親しんできたであろう聖書的な人間理解はむき出しの人間中心主義ではなく、決してそうした混同をしてはならない、し続けてはならない、と諭してくれます。そうしたむき出しの人間中心主義は、八年前回勅『ラウダート・シ』（*Laudato si'*＝ＬＳ）の中で袂《たもと》を分かった「専制君主的な」（ＬＳ68）、「ゆがんだ」（ＬＳ69）、「行き過ぎた」（ＬＳ116）、「逸脱した」（ＬＳ118、119、122）人間中心主義であって、聖書の示す人間中心主義はむしろ「状況化された人間中心主義」の一つといってよいということでしょう。ここでの「状況化された（situated）」という形容が「（ある特定の）状況の中に置かれている」や「（特定のしかたで）状況づけられている」の意味だとすると、わたしたち人間は、他の被造物との〈関係という状況〉の中に置かれており、しかも、そうした状況についての責任を担いうる、それゆえにまた、問われうる存在だという、まさに聖書的な人間観に重なります。「換言すればそれは、人間のいのちは他の被造物なしでは理解することも持続させることも不可能であるとの認識です」（ＬＤ67）といわれる所以《ゆえん》です。

こうした人間理解は、「最小限のコストで最大の利益をという考え方」（ＬＤ31）の執拗さと危険性を指摘する第二章（「増長する技術主義パラダイム《テクノクラティック》」）にある「人間の生命や知性や自由は、わたしたちの惑星地球を豊かなものにする自然の要素であり、自然の内なる働きの、また、自然の平衡維持作用の一部です」（ＬＤ26）という件《くだり》に顕著です。

同様に「最小限のコストと時間で上げうる最大限の利益」（ＬＤ13）への執着がもたらす

「地球規模の気候危機」を、〈変動〉として留《とど》めてはおけない〈危機〉として描き出す第一章には、「わたしは、カトリック教会内でさえ軽蔑的でほとんど不合理なある種の意見を耳にするがゆえに、一見不必要に思えるこうした説明を施す義務があると感じています」（LD14）という、聞くに悲しく読むに辛い文章も含まれています。「一見不必要に思える」にもかかわらず教皇があえて「説明を施す義務があると感じてい」ることとは、「わたしたちが現在経験している」「たった一世代で――何百年でも何千年でもなく――検証しうる速さで進む温暖化の異常な加速」、「海面の上昇と氷河の融解」のごとき「一人の人が生きている間に容易に感知できるほど」の急激な変化のことで、「おそらく数年後にはその事象ゆえに、多くの人が住居を移さなければならなくなる」（LD6）かもしれない重大事です。

『勧告』の最終章（第六章）の出だし（LD61）で、「カトリック信者に、信仰から生じる動機を思い起こさせずに済ませるわけにはいきません」との率直な思いが吐露されます。信仰者たちがその信仰生活の中で現に味わっている体験をもとに語る教皇は、「霊的な動機」に、内なる息吹に注意を向けるよう、わたしたちを招きます。「本物の信仰は、人間の心を強めるばかりでなく、生き方を変え、わたしたちの目標を変え、他者へのかかわりや全被造界とのかかわりを照らし導いてくれることを、わたしたちは知っているのですから」と。こうした信仰の経験的事実を共有できる人々皆に呼びかけて、教皇はこう続けます。「他の宗教を奉じる兄弟姉妹がたにも、同じように勧めます」と。クリスチャンであれ、そうでなかれ、わたしたちは皆、自らの信仰生活、自らの内的生活を味わい直し、噛《か》みしめながら、「信仰から生じる動機を思い起こさせ」合うよう、促されているのです。

この『勧告』の邦訳が人の目に触れる頃は、きっとＣＯＰ28の閉幕が間近に迫っていることでしょう。第四章で「気候会議の前進と失敗」を追った後「ドバイでのＣＯＰ28に何を期待すべきか」を語る第五章を結ぶ二つのパラグラフを「開幕後の問い」の形にして、「あとがき」のしめくくりとさせていただきます。

「効率的で、強制力があり、監視が容易、という三条件を満たす、拘束力あるエネルギー転換の枠組み」（ＬＤ59）に関する合意は得られたでしょうか。

「大胆で、集中的で、全員の約束にかかっているという三つの要件を特徴とする、新たなプロセスの始まり」（ＬＤ59）の告知となりえたでしょうか。

「具体性をもつしかた」で「二酸化炭素レベルを大幅に削減し、間に合ううちに最悪の事態を回避していくこと」を「可能に」する「国際政治の信頼性を回復させうる」「前例がない」「プロセス」（ＬＤ59）を担保できたでしょうか。

ＣＯＰ28を「わたしたちを人間として誇りある気高い者とする歴史的イベントにすることへの真摯な関心」（ＬＤ59）を証《あか》しできたでしょうか。「会議の参加者たち」は、「特定の国や企業の短期的利害よりも、共通善と子どもたちの将来とを考慮でき」、「政治の恥でなく、政治の高貴さを証明」する優れた「戦略家」（ＬＤ60）であれたでしょうか。

二〇二三年十一月

訳　者

（瀬本正之　日本カトリック司教協議会「ラウダート・シ」デスク秘書、イエズス会司祭）

使徒的勧告　ラウダーテ・デウム——気候危機について

2023年12月12日 第1刷 発行　　日本カトリック司教協議会認可
2024年 9 月10日 第2刷 発行

著　者　教皇フランシスコ
訳　者　瀬本正之
発　行　カトリック中央協議会
〒135-8585 東京都江東区潮見2-10-10 日本カトリック会館内
☎03-5632-4411(代表)、03-5632-4429(出版部)
https://www.cbcj.catholic.jp/

印 刷　大日本印刷株式会社

定価はカバーに表示してあります　　ISBN978-4-87750-246-1 C0016

乱丁本・落丁本は、弊協議会出版部あてにお送りください
弊協議会送料負担にてお取り替えいたします